我不驕傲

新雅文化事業有限公司

www.sunya.com.hk

小跳豆
幼兒德育故事系列

跟着跳跳豆和糖糖豆一起養成良好品格

父母在孩子的幼兒時期，培養他們的道德品質是極為重要的。因為這時期的孩子還不能很好地控制自己的行為，他們可能常常會為了一些小事爭吵，亂發脾氣；和別人相處時，不講禮貌；做錯了事，不敢承認等等。這時候，我們應該怎樣幫助孩子建立良好的行為，樹立高尚的品德呢？

《小跳豆幼兒德育故事系列》共 6 冊，透過跳跳豆和糖糖豆的日常生活經歷，帶領孩子學會誠實、不爭吵、關心別人、不發脾氣、不驕傲和不浪費，進而讓他們明白待人處事的方法。

書後設有「親子小遊戲」，以有趣的形式幫助孩子判斷行為的對錯。「培養品德小貼士」提供一些實用性建議予家長，有效地幫助孩子養成良好的品格。

在日常生活中，父母也應為孩子樹立好的榜樣，關心他人，對他人有禮貌等，孩子在耳濡目染下自然也會養成良好的品德。

讓親子閱讀更有趣！

　　本系列屬「新雅點讀樂園」產品之一，若配備新雅點讀筆，爸媽和孩子可以使用全書的點讀和錄音功能，聆聽粵語朗讀故事、粵語講故事和普通話朗讀故事，亦能點選圖中的角色，聆聽對白，生動地演繹出每個故事，讓孩子隨着聲音，進入豐富多彩的故事世界，而且更可錄下爸媽和孩子的聲音來説故事，增添親子閱讀的趣味！

　　「新雅點讀樂園」產品包括語文學習類、親子故事和知識類等圖書，種類豐富，旨在透過聲音和互動功能帶動孩子學習，提升他們的學習動機與趣味！

想了解更多新雅的點讀產品，請瀏覽新雅網頁(www.sunya.com.hk)或掃描右邊的QR code進入 新雅・點讀樂園 。

如何使用新雅點讀筆閱讀故事？

1. 下載本故事系列的點讀筆檔案

1. 瀏覽新雅網頁(www.sunya.com.hk) 或掃描右邊的QR code 進入 新雅・點讀樂園 。

2. 點選 下載點讀筆檔案 ▶ 。

3. 依照下載區的步驟說明，點選及下載《小跳豆幼兒德育故事系列》的點讀筆檔案至電腦，並複製至新雅點讀筆的「BOOKS」資料夾內。

2. 啟動點讀功能

開啟點讀筆後，請點選封面右上角的 新雅・點讀樂園 圖示，然後便可翻開書本，點選書本上的故事文字或圖畫，點讀筆便會播放相應的內容。

3. 選擇語言

如想切換播放語言，請點選內頁右上角的 粵☆普 圖示，當再次點選內頁時，點讀筆便會使用所選的語言播放點選的內容。

4.播放整個故事

如想播放整個故事，請直接點選以下圖示：

5.製作獨一無二的點讀故事書

爸媽和孩子可以各自點選以下圖示，錄下自己的聲音來說故事！

1 先點選圖示上 爸媽錄音 或 孩子錄音 的位置，再點 OK，便可錄音。

2 完成錄音後，請再次點選 OK，停止錄音。

3 最後點選 ▶ 的位置，便可播放錄音了！

4 如想再次錄音，請重複以上步驟。注意每次只保留最後一次的錄音。

跳跳豆和力力豆是同班同學。

上體能課的時候，
力力豆想和跳跳豆一起跑步。
跳跳豆心想：
「你跑得那麼慢，會很沒趣呢！」
他就不理力力豆，
獨自走開了。

上數學課的時候，
茄子老師說：
「我們來做加數題，
大家試試回答，好嗎？」

跳跳豆第一個出來，
他很快便完成了，
還説：「看，難不倒我。」

然後到力力豆了，
他害羞地抓着頭，
慢慢地思考。
跳跳豆哼着鼻子，說：
「真笨！」

力力豆聽見了跳跳豆的話，
心裏非常難過，
還哭起來了。

上美勞課的時候，
茄子老師教大家摺毛蟲。
力力豆很用心地摺，
還替毛蟲畫上了眼睛，
塗上了顏色。

跳跳豆沒有認真地聽老師的話，
他在幻想自己在運動比賽和
數學比賽中獲獎的情景。

茄子老師舉起力力豆的紙毛蟲說：
「我們來看看力力豆的毛蟲，
他加了一雙眼睛，
是不是更生動？」
「是啊！」同學們高聲回答道。
跳跳豆被大家的聲音驚醒了。

跳跳豆不懂怎樣摺毛蟲，
他不敢問老師，
又不願意問同學，
心裏很着急。

這時候，力力豆輕聲對他說：
「很容易的，我來教你吧！」
跳跳豆向力力豆道歉說：
「對不起，力力豆。
我之前不應該那麼驕傲。」

跳跳豆把毛蟲摺好了，
高興地說：「謝謝你，力力豆，
你真聰明。」
力力豆笑着說：
「不用謝，我們是同學啊！」

親子小遊戲

小朋友，你會做個不驕傲的好孩子嗎？當遇到下面的情形，你會說什麼？請你在適當的 ☐ 內加 ✔。

A.

小朋友不懂得回答問題。

1.「哈哈！你真笨！」 ☐

2.「不用怕，你做得到！」 ☐

B.

小朋友不懂得做手工。

1.「我們一起做。」 ☐

2.「這麼簡單的事，你也不會做嗎？」 ☐

C.

小朋友跑步很慢。

1.「你跑得真慢！」 ☐

2.「慢慢來，讓我們一起跑。」 ☐

孩子出現驕傲自大的行為時，父母該怎麼辦？

🫘 孩子驕傲時，往往是過高地估計了自己，認為自己比其他人強，只看到自己的長處，沒看到自己的短處，拿自己的長處比他人的短處。這時，父母應該耐心地教導孩子，讓孩子學會正確地評價自己，既認識到自己的優點，又看到自己的不足。

🫘 對孩子的優點或者取得的好成績，家長要給予肯定、表揚，但同時要把握好適當的尺度。不要過分地讚揚孩子，因為孩子的自我評價能力還不理想，看到那麼多人肯定自己，會對自我產生錯誤的認識，認為自己真的很了不起。當孩子感到成功的喜悅時，家長可以拍拍他的肩膀説：「繼續努力，爭取取得更大的進步。」從而避免孩子產生驕傲情緒。

小跳豆幼兒德育故事系列

我不驕傲

原著：秋千

改編：新雅編輯室

繪圖：何宙樺

責任編輯：趙慧雅

美術設計：鄭雅玲

出版：新雅文化事業有限公司

香港英皇道499號北角工業大廈18樓

電話：(852) 2138 7998

傳真：(852) 2597 4003

網址：http://www.sunya.com.hk

電郵：marketing@sunya.com.hk

發行：香港聯合書刊物流有限公司

香港荃灣德士古道220-248號荃灣工業中心16樓

電話：(852) 2150 2100

傳真：(852) 2407 3062

電郵：info@suplogistics.com.hk

印刷：中華商務彩色印刷有限公司

香港新界大埔汀麗路36號

版次：二〇二一年五月初版

二〇二三年六月第三次印刷

ISBN: 978-962-08-7690-5